CB063416

CONTUDO... E SÓ

Raphael Carvalho

CONTUDO... E SÓ

Prefácio de
Narciso Mello Teixeira

Ibis Libris
Rio de Janeiro
2018

Copyright © 2018 *Raphael Carvalho Teixeira da Silva*

Editora
Thereza Christina Rocque da Motta

Design de capa e miolo
Priscilla Andrade

Imagem da capa
Felipe Barreto Teixeira da Silva

1ª edição em novembro de 2018.

Dados Internacionais de Catalogação na Publicação (CIP)
Angélica Ilacqua CRB-8/7057
contato@efichas.com.br

Carvalho, Raphael, 1982-
    Contudo... e só / Raphael Carvalho. Prefácio de Nasciso Mello Teixeira. – Rio de Janeiro : Ibis Libris, 2018.
    124 p., 14x21cm
    ISBN 978-85-7823-317-4
    1. Poesia brasileira I. Título

CDD B869.1

Índices para catálogo sistemático:
1. Poesia brasileira

Impresso no Brasil
2018
Todos os direitos reservados.
Email do autor: raphaelcts@yahoo.com.br
Todos os direitos reservados.

Ibis Libris Editora Ltda. – ME
CNPJ 09.238.097/0001-40
Rua Pereira Nunes, 395 / 1.701
Vila Isabel – Rio de Janeiro – RJ
CEP 20.541-022
Tel.: 21-3546-1007

ibislibris.loja2.com.br
ibislibris@gmail.com

Associada à LIBRE.
www.libre.org.br

SUMÁRIO

Agradecimentos | 9
Prefácio | 11
O circo Rio | 15
Dance vida | 16
Vida a-certa | 17
Que tal, então? | 18
Alto vidigal | 19
Fotografia | 20
Medo | 21
Estrelas | 22
O face me pergunta o que eu estou pensando... | 23
Um pouco do nada | 24
Lembrança | 25
Bem-vindo à selva! | 26
Tristeza | 27
Corrida | 28
Te amo | 29
Palavras do inconsciente kkkk... 3:33! | 30
Quero só! | 32
Não cabe no copo | 33
Mardegi | 34
Alegria não afunda! | 35

Viva a-vó! | 36

Canoa | 37

Oito infinito | 38

Se é vento, é vida! | 39

O sol lhe dá | 41

Barco | 42

Ocorde só | 43

Caveira | 45

Leão | 46

Abracadabra | 47

Um sorriso | 48

Gabriella | 49

Se tá molhado... tá vivo | 50

Quantos, quanto... canto | 51

Alguma coisa assim... | 53

Destino | 54

Só um sonho | 55

Vento bom | 57

Ben tennyson | 58

Gratidão | 59

Estação | 60

Sopro sem vento | 62

Sorria... Você está sendo filmado! | 63

O tempo andou di-vagar | 65

Imperfeição | 66

Perfume | 67

Uma flor no corrimão | 68

Cecília filha | 69
Formidável passo no abismo | 70
Mirar el perfil | 71
Era uma nuvem | 72
Una passagem | 73
Queria | 74
Gracias ao mundo | 75
Um passo além do horizonte | 76
Mudança | 77
Mamãe! | 78
Não me interessa a origem e o que vai acontecer | 79
A paixão | 80
Um relógio no peito parado | 81
Porque | 82
Paparapá... raparapá... rapapapá... | 83
Te amo... até já... | 84
Joca jorge | 85
Lágrimas na membrana | 86
Um canto estrelar | 87
1 + 1 = 2 e um pouco mais! | 88
A fé | 90
Gosto | 91
Acabo de nascer | 93
Um giro no segundo | 94
Cheio de minhoca na cabeça | 95
Até terça-feira | 96
Niltinho... Irmão! | 98

Uma ave no topo da montanha | 99
Roteiro cortado | 100
Vai... pai! | 102
Fruta caída | 103
Não gosto | 104
Livros rasgados | 105
Já deu | 106
O caderninho | 107
Canção | 108
A procura | 109
Um ponto de ferrugem na moeda | 111
Esquina do 70 | 112
Sobre pedras e asas | 114
Bandeja de caju | 115
Agrião | 116
Contudo... e só | 118
Posfácio | 120
Sobre o autor | 122

AGRADECIMENTOS

Não posso deixar de registrar o grande estímulo que recebi, desde pequeno, de minha avó Nilda Teixeira da Silva e seus "4.000 livros", mais do que livros, seus gestos poéticos diante da vida.

Agradeço a meus pais, Felipe Barreto e Fátima Regina. Meu pai, artista plástico em sua relação comigo e também meu irmão Filipe Carvalho, relação esta, regada com muita arte, e minha mãe pela verdadeira presença, a me apoiar em tudo. Ainda no balaio da família, talvez minha maior amiga de vida, minha amada Tia Nilza, desde sempre esteve, está, estará presente no meu coração e reverenciada como uma mãe para mim! Obrigado, Tia Nilza!

Na musicalidade, obrigado, Joca Jorge, Beto Dornelles, Ivo Vargas e Nicolas de Francesco.

Gostaria de agradecer a todas as pessoas, em especial, a Gisela Chever, grande amor e maior fonte de inspiração deste trabalho.

Por fim, sabendo que já é o começo, meu amado Tio Narciso, que nos presenteou com o prefácio deste livro, grande fonte de inspiração na relação com os filhos, o trabalho e os amigos. Minha história com os poemas é fruto de muitas conversas regadas a vinho, afeto, poesia e vida! Ou, tudo em uma só palavra... amor!

PREFÁCIO

Narciso Mello Teixeira

Deixar passar o que passa e ir na descoberta do amor...
Que nos possibilita chegar à frente, voltar atrás e voar!
Ver o mágico, o espantoso, o vazio...
Assim faz "a raiz que sobe a copa das árvores pra beijar o vento".
A novidade do dia é o dia, "ver além do olhar... o brilho mágico no olho do bebê".
Dessa forma, "viver as dores do amor".
O real, o sonho, o encantamento da vida...
O sorriso aberto pro mundo se apresenta na infinitude do finito.

Contudo... e só. Redescobrimos o vento, com sua força "seca a água, acende e apaga o fogo, cria ondas... começa tudo de novo".
Apaga o peso da espera na vida que pulsa, e possibilita ver além da euforia.
Ao ler os poemas de Raphael, revivemos o paradoxo de que "partir já é chegar", e que o instante rompe na eternidade em que estamos sempre com tudo e só – **contudo... e só!**

Dedico este livro a Gisela Chever

*Um amor sem idioma,
sem compromissos...
Um amor sem ponteiros,
sem direção,
Sem correnteza...
Única corrente é o simples...
querer bem!*

O CIRCO RIO

Rio do circo, a plateia chegou
Vem chegando...
Vem pra assistir o circo do Rio
Palhaços de gravatas fazem rir...
Meninos nas ruas descalços fazem chorar

O circo do rio... Nas montanhas o equilibrista...
Nos sinais, o malabar
Palafitas a desafiar, dribles e fitas a encantar
O circo da bola furada, da pelota quadrada...
Do faz-me rir...

Circo das feras e aplausos ingênuos
Rio que sente a falta de rir
Rio... de janeiro a janeiro... Mico.
Micaretas de sorrisos e caretas

Rio de gente que vem
Lorena de Belém rir e estudar
No meu circo melhor...
RIO que chorar!

DANCE VIDA

Viver é esbarrar no desconfortável,
Tocar a face do desconhecido
Deitar na cama macia do mistério
Sentir a névoa do desassossego
Ficar cego de nada ver
Desfilar nas avenidas do constrangimento
Rir pra não chorar

Viver é chorar de rir
Passear pelas praças da liberdade
Ver tudo o que os olhos fechados podem mostrar
Sentir as gotas de chuva como carinho
Mergulhar no mistério e expirar revelações
Conhecer e tocar quantas faces puder

Misturar os sentimentos
E soprar amor
Ficar nu frente às roupas pesadas
De estética, de marcas, de pelos e pesos.

Viver é esbarrar no desconfortável
E abraçar o desconhecido,
o mistério, o desassossego, a cegueira, o constrangimento e a dor...
E abraçar, e abraçar tudo com força e delicadeza...
e dançar!

VIDA A-CERTA

Sei que as coisas mudam
O mundo gira
A saia mexe
Remelexe a mira

Tira o alvo
Acerta a seta
Sente o mundo
Porque o alvo mexe

Se acha que acertou...
Acentuou o erro
Mexeu o alvo
Mirou o erro

Errado viver na mira
Miragem do certo
Se o mundo gira
E a vida a-certa!

QUE TAL, ENTÃO?

Que tal, então?
Sermos somente um grão
A crença da razão... em vão,
Uma doce ilusão...
Quem sabe, então?

Ser semente, ser pão
Ser bom dia pra quem é de bom dia
Boa noite pra quem é de boa noite
Que tal, então? Aperto de mão.

Ser ciranda de mundo
Dar as mãos na roda e rodar
Que tal, então?
De pernas pro ar. plantar bananeira
Roda de capoeira... na beira mar.

Que tal, então?
Somente canção
Somente palma de alegria
Amar com ousadia
Amar o mundo
Tudo que parado mexe
Que tal então?
Encher o peito de amor... e amar!

ALTO VIDIGAL

Se existe um pedaço do céu
Onde quero estar... vidigariar!
Janela de mar, teto de estrela
Som de Joca... batida de Lukas!

Se existe um pedaço de céu
Encontrei no encontrar
Feliz estado de estar, cantarolar!
Deixar que a vida mostre a vida

Somos o que queremos ser
Quero ser um pedaço de morro
Um pedaço de som, de bom,
De tudo aquilo que alegra a alma

Somos todos os pedaços
Todos os calços e descalços
Somos um brilho no espaço
Somos a aventura do nada
Somos toda a aventura
DEUS E CRIATURA
SOMOS UM!

FOTOGRAFIA

Linda foto, de pegadas na praia
Olhar de maia suga a luz...
No corpo espalha... pele sem malha
Morena trilha... Linda foto!

Um corpo árvore, no balanço a-corda
Flutua o chão de pé descalço,
Abraço de laço, amasso, passo...
Dança no compasso... Linda foto.

Um mundo de Sofia,
Você sabia? A vida... Fotografia
Fia de pai e mãe, avô e tia
Aperta o peito, pula o mundo... E assovia!

Linda foto, atrevimento parar o dia...
Sorria! Olha o céu, a nuvem, as estrelas...
Olha o passarinhooo!...
Em um flash tudo passa.
A vida passa, o rio passa, a morena passa...
O que ficaria? Linda foto...
Fotografia!

MEDO
Para Lorena

Coloquei minha carteira no bolso de trás
Esqueci... Tive medo de nascer e cai pra trás
Caí da cama quente... Senti o frio no peito
Embaixo da cama, o relógio parado, fiquei...
Tive medo...

Afastei-me do cordão e entrei no tempo...
Vi a luz... Tive medo
Cedo... Tarde... Cedo... Cedo...
Sedenta vontade de correr no tempo...
Cedo o tempo... Tive medo...

Vi o sino tocar e a grama crescer
Acordo sem tempo a cada sono
Desperto os olhos no tempo, pra esquecer
Esqueci a carteira no bolso de trás...

Tive que fazer, conhecer, comer...
Tive que esperar, cantar, amar...
Tive que colher, plantar...
Tive que ter e ser...
Tive que sonhar e tive medo...

Tive que entrar na fila e esperar minha vez
Vi o desespero e me desesperei na morte
Despertei... Desliguei o despertador
Achei minha carteira no bolso de trás
Subi na cama e sonhei!

ESTRELAS

Quantos olhos brilham as estrelas?
O que seria das estrelas sem os olhos?
Olho que tudo vê... Estrela que tudo sente...
Estrelas... Olhos de Deus!

Brilhantes olhos de Deus
Derramados no tapete do infinito
Que bonitooo!... Explosão estrelar
Fim... De continuo brilhar

Se o brilho do fim abraça os olhos...
Olhos sem fim abraçam os brilhos
Abraço de pai e filho...
Brilhos nos olhos de estrelas sem fim!

Chegada ao fim dos olhos,
Início das estrelas,
Comunhão dos brilhos,
Olhar sorridente de Deus!

O FACE ME PERGUNTA O QUE EU ESTOU PENSANDO...

Penso que viver é espantar o fantasma do amanhã,
Abraçar o belo desconhecido do hoje,
Rir com força pra tudo que o mundo acha pequeno,
Mergulhar na pequenitude de cada gesto.
Suspirar na felicidade de cada criança, se reconhecer criança na dança...
Abaixar o nariz de palhaço do grande...
Pra aprender que de baixo do nariz... se ver maior.

UM POUCO DO NADA
Para Gisela Chever, uma homenagem

Corre, corta, amarra,
Fere ela... palavra não se cala
Gisela... fadiga infinita pula janela
Vai e volta, prende e solta...

Se a vida roda, roda vida ela
Tenho que fazer, tenho que ser
Tenho que tenho ter...
Tenho que tenho ser...
Tenho que tenho que merecer...
Um pouco do nada
Um pouco do tudo...

Miúdo de mim, querubim
Partido em dois...
Feijão com arroz
Queijo com goiabada
De nada tenho um muito.

Se o correr fosse o viver
Pobre vida molestada
Pobre vida na rede...
Rede de olhar, rede de sentir...
Rede de deixar... a vida passar no sorrir.

A maior fome se esconde no ter
Esvazia o absoluto do nada
Move o cabelo e diz:
"Tudo vai dar certo".

LEMBRANÇA

Se descanso o coração
Acalma a alma, volta o bom
Cheiro da raiz no fruto,
Futuro cheiro de passado

Passo lento no cabelo solto
Passada no mesmo lugar...
Gingar a vida... jogar as pernas
De lá pra cá... abadá.

Desce o moro chega o mar
Estradas de sonhos e rolos
Corte e costura, ruptura
Pano novo, velho uniforme.

Passam os dias, passa a roupa
Lembranças do passado bom
Quebra-cabeça espalhado do pano
E a gota de chuva nunca deixou de ser oceano.

BEM-VINDO À SELVA!

Um rosto rasgado em dois
Chute no saco, e um gole pra esquecer
Horizonte sem árvores, sem raízes
Sem perdão e sem passado,
Passados os dias, passado o sol,
Passado o rosto real.

Um chute no saco e um dia pra esquecer
Vida elegante no alto falante,
Elefante branco quebra-galho
Mico dourado guardado no bolso

Um chute na bola, que comecem os jogos
Jogo de letras desletradas,
Jogo de herói no tabuleiro de bolo
Trouxa na cabeça, palito no dente,
Serpente no balaio
Nega do balaio grande!

Ilusório mundo real
Que mal há?
Na verdade do engano
Nu fulano e cicrano
Verdade nua e crua,
Mentiras cozidas e vestidas
Panela de barro e micro-ondas
Micro mundo e mundo grande de Deus!
Adeus que chega cedo,
Bem-vindo à selva!

TRISTEZA

Barco de vela curta
Navega lenta baía
Bailado de onda fria
Mia o vento alado

Tristeza em fatias de pensamento
Um prato cheio de comida vazia
Fazia o sol, fazia o vento
Que repara enfim… o tempo.

Saudade do dia de amanhã
Saudação do dia esquecido
Névoa de cheiro bom
Sombrio tom do vazio.

Que rompa o silêncio
Que rompa o medo
Que dado brilho, se faz luz!
Que o quê do porquê,
Escorregue no ralo…
Que não calo a vida
Que engulo a morte
Sorte de vento em poupa
O barco chega ao mar
Mia o vento, bailado de ondas,
E o frio passou.

CORRIDA

Em busca vida
Mil misericórdias dia
Esquenta noite açoite
Experimentar a vida

Corrida no mesmo lugar
Gira a roda, espalha a lama
Joga na cara
Corrida no mesmo lugar

Enfim chegar
De onde não saiu
Em busca vida
Roda gigante...
Corrida no mesmo lugar

Amante de sentimento cego
Um braço de árvore partido
Fim da partida... começa o jogo
Recolhe as cartas
Joga pro alto... e ri.

TE AMO

Te amo a cada nascer do novo e velho sol
A cada despertar da ignorância,
A cada mergulho no nada
No tudo de bom que a manhã traz

Te amo mais agora que antigamente
Mais que a mente desmente o ontem
Pra brindar o hoje...
A sorte do hoje
Feliz na sorte do amar.
Feliz no hoje do amor!

Te amo... Porque amor é apenas...
Sabedoria simples do apenas ser.
Te amo com o sabor da fruta que não veio
Te amo com esperança
Do que já aconteceu...
Te amo já...
Porque amanhã está longe das mãos.

Te amo no despertar do amanhã
Na lembrança já desconhecida do retrato
No susto do espelho.
Te amo na melodia quebrada.
No quebrar do ovo.
Te amo no que já fui será.
Te amo no que sou
Te amo!

PALAVRAS DO INCONSCIENTE KKKK... 3:33!

O ser humano não está preparado ainda pra dor,
Não está preparado pra quebrar a segurança frágil dele.
Então quando se dá um salto no escuro
Num lugar que não tem luz
Então você percebe que é um ser humano frágil.
Somos frágeis na natureza...
O corpo humano...
A condição toda estrutural é frágil.
Ele só continuou na natureza
Porque tem a capacidade de se aproximar do outro
Para concluir é muito simples...
Tudo passa... Até uva passa.
Até os mais elaborados seres que pisaram por essa planície...
Eles entenderam que a forma mais digna de suportar a carga,
A energia da vida... é baixar a cabeça.
E entender que somos aprendizes de tudo,
Sempre tem alguém pra somar com toda bagagem que você trouxe.
É importante a entrega.
Porque temos muita necessidade... Inclinação...

Pra fazer, tomar mão, resolver...
É preciso entender que receber também é uma virtude.
E pra fechar... O ponto máximo...
É a gente caminhar aos trancos e barrancos
Pra uma ideia de que não existe separação,
Não existe distância de nada...
Somos um... Somos um.
Somos uma energia, somos um acontecimento...
Somos um raio.

QUERO SÓ!

Quero ver o dia... Bom dia!
Quero ver a noite
Quero as buscas e os bosques
Quero a vida quero-quero voar.

Quero o posso e não posso
Quero a água e o fundo do posso
Quero o passo no chão
Quero o pássaro no ar
Quero passar passeando.

Quero a melodia do vento
Quero o vento meio dia
Quero o caminho do meio
Quero o caminho que veio.

Quero não querer nada
Quero o sabor da água
Quero a imensidão num fio
Filho do amor
Fruto do querer
Quero ser o que sou... e só.

NÃO CABE NO COPO

Todas as palavras esparramadas
Amada forma que transborda o copo
Sentimento que não cabe na porção
No poema, no gesto... na canção.

Amar é não ver o fim
Não decifrar os códigos do mundo
Saltar enfim no abismo sem fundo
Cortar a corda do balão... e bailar.

Vencer o tempo e ser estátua
Está tua vida luz... colorida.
Corrida de chegada qualquer
Já chegou ao sair.

Amar é não caber no copo
Beber a sobra do mundo
Se encantar e cantar no silêncio
Ir a espera... rir e chorar..
De estar vivo... e amar!

MARDEGI
Para Gisela Chever

Mar em busca de mar
Somente mar, semente do mundo
Semente da vida mar
Só... tenho o mar amar.

Boa onda... te *quiero* mar
Me entrego e integro ao mar
Mais que paisagem
Mais que mistério
Mais que infinito... lar.

Boa onda... movimento em mim.
Mar... fio de costurar o mundo
Estrada de todas as mãos
Entrada na saída... vida.

Mar de sal, de sol e de céu.
Onde te encontrar?
Será?... no escorrer da dor?
Na explosão do sorriso
Na gota de sangue, suor...
Em cada gota do corpo
Em cada gota do mundo.

Mar misterioso e desvendado
Corrente que abraça tudo
Paralisa o olhar... movimenta...
Encanta... gira... em torno
Torna o mundo... mar.

ALEGRIA NÃO AFUNDA!
Homenagem ao aniversariante,
mano meu, Maninho Ricardo

Que bom... Ele chegou...
Olha quem vem...
De braços abertos e perna torta
Entorta a dor e tira de letra
Dribla a vida com sorrisos e careta.

Entra na porta da frente,
E a tristeza sai no fundo
Amigo do mendigo ao presidente
Coração que cabe o mundo.

Quem não gosta do mano...
Bom sujeito não é...
Ou é ruim da cabeça...
Ou um tremendo Zé-mané!

Mano de Ipanema, Botafogo e Vidigal
Mano Kitanga, ki ri, ki amigo é!
Mano... o mundo precisa mais manos.
ALEGRIA que não afunda...
Um beijo na testa...
Um beijo na bunda!

VIVA A-VÓ!

Quantos goles tem uma vó?
Quantos passos no mundo?
Quantos sorrisos profundos!
Quanta vida, Nilda!

Minha vó é a-vó
Viajem de sacola cheia
Bagagem de carinho e calor
Pede recibo... recebe flor

Pele enrugada pelo tempo
Tempo lendo... Tempo lento
Pele, rugas, mancha e marcha lenta de velho
Coração, dança, sorriso e piada de criança.

Minha vó não é de bolo e crochê
É de bola e humor privê
Minha vó... a-vó... é foda!
Viva a vida!
Viva a Nilda!
Viva a vó!

Poema dedicado aos achados e perdidos
Às idas e vindas
Aos encontros e desencontros
Ao amor de ser neto, porque, de resto...
Só o sopro da vó acende!

CANOA

Cá pra nós... a vida é boa
De cá pra lá numa canoa
Fatia água, cria onda
Paisagem passa e vai
Voo sem asas vou

Quem vem cá-no-ar
Não quer mais pisar
Tira o passo, tira o peixe...
Tira o pé, deixa passar...

Cá pra nós... a vida é boa,
Navegar sem tempo... na canoa
Sem relógio de pulso,
Viver é deixar pulsar
Corrente... só do mar, rio e vento
Invento um norte e sigo pro sul

Cá pra nós, cá no ar, cá no rio...
O bom da vida e viver bem
Deslizar na beleza...
De tudo que vale a pena
Porque a alma não é pequena
Mergulhar feliz no milagre de cada dia,
Subir na canoa... e canoar!

OITO INFINITO
Para Ghistane Adnet

Se o oito é infinito...
Não sei o que é agora
Ora, infinito é agora!
Cada sopro de encontro
Cada gosto de encontrar
O infinito não está...
Na multiplicação constante dos dias
mas na soma do olhar
Feliz no olhar do infinito
Na multiplicação do amor
Calor dos bons e dos seus
Feliz nas curvas do oito
No olho... no infinito encontro...
No amor!

SE É VENTO, É VIDA!
Para Leonela Battistoni

Vento... eu vi o vento
Livre forte... suave vento
Tens ao certo... movimento
Soa ao som de um lamento?

Mia um grito forte... rompimento
Estais soberano no ar
Move as ondas num cantar
Rasga a vela
Muda o curso
Faz a chuva lacrimar...

Vento... resposta da vida
Confirmação...
Vida sem vento... sem movimento...
Vida em vão... vida não

Se é vida... move
Se move é vento
Se o vento diz...
Fico atento...

Tiro cruzado
Tira cruzada
Voa onde o vento lhe ventar
Na vida, firme... só o vento...
Repousa o sorriso num olhar
Ar de encher o pulmão...
Mergulha o abismo e seja então...

Vento do Norte
Vento da sorte
Vento sem qualquer direção...
Se é vento... é Vida!

O SOL LHE DÁ

*Para Flávio e Soledad, pais maravilhosos
de minha amiga maravilhosa Leonela Battistoni*

Guia a vida, nutre o solo
Sol de múltiplas faces
Sol, mulher mãe
Face de Soledad

O sol lhe dá... Soledad
Um sorriso a cada instante de vida
Uma face com cara de sorriso
Um sol que acende a vela... Leonela

Pra cada vela um certo pavio
Flávio de encontro ao rio
Mãos trocadas a guiar na estrada
O sol lhe dá o brilho

Seis corações a brilhar
Dezessete anos de espera
Pavio, luz e vela
Acende a vida no sol
Espera a brisa na janela

Até saudade Soledad espera...
Tio Flávio à capela
Solta o som... solta os filhos...
No coração acolhe ela
O sol lhe dá...
O sol que nutre e faz brilhar...
Voa, voa e vem pra cá
Vai e volta à vida...
O sol lhe dá!

BARCO

Barco de eterna construção
Se estiro a vela paro aqui
E deixo o improvável me levar
Leme ao Arpoador
Flora a dor ao lemar
Além do mar tem o rio
Descanso caminhar
Sem pressa ao chegar
Aconchego ao mar
Coqueiro bebe a chegada
Tudo vai dar certo
Do provável ao incerto
Raiz do eterno fluir
Barco de embarque e desembarque
Para a ressaca na calmaria
E ria... ria pra deslizar
Barco... verdade da vida... onda...
Forma alcança e vai...
De nada tenho um gole
De um pouco crio um mundo
Afundo e vou
Donde antes me atirei
Rei e rainha no Castelo sem chão
Pão pra quem quer comer...
Rio pra beber
O bom da vida é respirar...
E sem pressa ao chegar...
O barco espera a onda
E a onda espera o barco.

OCORDE SÓ

Soa o suor e diz pra lágrima rir
Poeta de um acorde só
Um planeta na galáxia
Uma estrela pequena dor

Sol... somente só
Escurece a luz num só riso
Gargalhada do nada
Vazio pote cheio de vida

Acorde pra cantar
Apague as velas pra rezar
Só acorde de lua nova
Novidade adormecida

Ceda a tarde pra noite
Ceda pro bicho da seda
E fique nu
Num acorde só...
No despertar pra pressa
De alcance sonolento

Invento meu tempo e sigo
Batida de um acorde só
Melodia tremida de medo
Só acordo pra não saber
Que metade do mundo é você
A outra... caminho a caminhar...

Todos no mesmo compasso

Soldadinho de chumbo no chão
Enche a mão e entorna o bolso
Metade de mim é acorde
E metade é sonhar!

CAVEIRA

Medo de fazer rir
No fim do túnel sem pele nem cor
Caverna vestida de terra
Caveira vestida de amor

Todos no mesmo barco
Vai ao fundo e sobe a beira...
O que temos de igual?
A resposta na caveira

Piratas da mesma bandeira
Caveira pirata... sem marca
Sem posse, sem barriga pra encher
Bebe água... escorre vida... passa...
Olhar pra dentro
Boca pra comer o ar...

Piratas do caribe,
Do mar e da terra
Esconde a carne na caveira
O tesouro no fundo dos olhos
O mistério... sem mapas
Na palma da mão da estrela

Somos um pouco do mesmo pó
Pó de estrela andando a pé
Caveira distraída na estrada
Saída encantada...
Todo pirata e toda aventura...
Somos mistério...
Somos mistura...
Somos caveira!

LEÃO

Rouba o sol do céu
Amarra no pescoço
Amassa o mato no descanso
Espera calmo o bote

Leão de força leoa
Brilho de cegar a dúvida
Da tribo de Judá
Casa de DAVI-VIDA iluminar!

Leão... de grande se divide
Chama forte... chama o mundo
Leão das selvas, cidade-do-céu
Luz no fim do túnel... começo da vida.

Luz de Leão acesa nela
Leoa, leonina... Leonela
Morada do mar e céu... Emanuel
Leão de todas as savanas
Rios e charcos... vão...
Vive em vão... não... leão!

ABRACADABRA

Supremo assírio diz que abra
Abracadabra... Cria enquanto diz
Falo de fadas, de castelos e jardins
Conto de encontro... Cria o mundo
Rei Leão de ciclo sem fim
Pequeno Príncipe que és...
Eternamente responsável pelo que cativas!

Cata a vida... Catavento colorido
Suspiro no mar... Mãe de espelho
Espelho... Espelho meu...
Existe um mundo tão real quanto o meu?
Somente na terra de Morfeu
Ou no país das maravilhas de Alice.

Alicerce pra vida é o sonho
Um sopro no ouvido e... conto
Sonho no estalar de todas as badaladas
Tempo fora do tempo...
No mundo mágico de OZ

Abracadabra... Se faz real o que sonha
Tira o coelho da cartola
Cantarola e pro-cria magia
O segredo embaixo do nariz...
É o sorriso aberto pro mundo
Fantasia... real...
ABRACADABRA!

UM SORRISO
Para Érika Capriles

A vida é simples
Ela cabe num sorriso
Corta a bravura nos dentes
Abraça gente... a língua.

Beija o caos
Engole sapo, e solta... rã... rã
Sorriso bicho solto
Selvageria... ria!
Ri alto, riacho de ilusão.

Andar solto no mundo do sorriso
Mastigar a vida, encher a bola
Estourar na cara pra fazer rir...
A vida cabe num sorriso

De onde viemos... além... de um só-riso
Pra onde vamos... além... de um só-riso
Em todas as matas-cidades
Ocas, castelos ocos e cortiços
Sonhar de viver... num só-riso.

Toda imprecisão dos cálculos
Apontam pro céu... da boca do sorriso
Hálito quente de brisa
Sabes tudo, Mona Lisa
Que a vida é mais que isso...
Que a vida é simples...
Porque cabe num sorriso!

GABRIELLA

*Para Gabriella, filha do meu
grande amigo Beto Dornelles*

Mão que pega a panela
Mistura flores de jardins
E linda vista da janela
Resultado da mistura... Gabriella!

Entrelace as estrelas
Com giz de cera os olhos dela
Asas de borboleta
Colorida Gabriella.

Voa na bolinha de sabão
E cai no colinho do papai
Carinho de abraço no pescoço...
Mesmo grande ele cai.

Cair de amor... é levantar a alma
Suspirar o milagre do encontro
Gargalhada sem motivo
O que movimenta a vida do pai dela
Está na mistura da panela
Borboleta colorida
Tem um nome... Gabriella!

SE TÁ MOLHADO... TÁ VIVO

Inocente como a flor
Chuva cai despretensiosa
Só quem sente o infinito pode amar
Puro e belo orvalho do céu

Cai a máscara
Sai o arco-íris
Pote de ouro no final
A espera do escorrega gigante

Molha a chuva
Chupa o amor do mundo
Sem parar... sem parar
Está no mundo pra se molhar

Está divino pra se encontrar
Na chuva, na lama, na cama...
Na alma de quem se ama
Se tá molhado de mundo...
Tá vivo!

QUANTOS, QUANTO... CANTO

Quantos mundos pra viver?
Quantas cidades a levantar?
Quantos muros pra esconder?
Quantas vidas pra achar?

Quantos rios pra correr?
Quantas pistas pra nadar?
Quantas notas pra comer?
Quanta fome pra comprar?

Quantas pedras atirar?
Quantos alvos a perder?
Quanta roupa pra vestir?
Quanta pele pra rasgar?

Quantos corpos pra comer?
Quanto pão pra sustentar?
Quanto sangue a derramar?
Quanto vinho pra viver?

Quantas palavras a buscar?
Quantos livros pra esquecer?
Quanto som para calar?
Quanto grito pra dizer?

Quanto tudo pra olhar?
Quanto nada a escolher?
Quanta noite pra acordar?
Quanto dia a adormecer?

Quanto... Quantos, quantos...

Quanto mais vivo...
Quanto mais aprendo...
Quanto menos peso na bagagem...
Mais leve a marcha...
Mais leve a vida!

ALGUMA COISA ASSIM...

Quero chegar depois da festa
No início do som
No meio da canção
Na dança da noiva
No sino do padre
Quero descer as escadas
Comer arroz com feijão
Sentir frio no sol
Viver de busca
Rolar no chão
Cuspir aguardente
Palito no dente
Beber vinho e viajar
Entrar nu-mar
Perder o fôlego
E encontrar
Viver entre amigos
Conversa fiada
Rir da mesma piada
Transar cabelos
Beijar o canto da boca
Cantar até ficar cansado
Deitar na cama
Parar no tempo... e andar!

DESTINO

Qual é mesmo o destino da escolha?
Calçar as pedras da calçada
Curvar a esquina da vontade
Tirar o chapéu sem olhar pra trás...

Pegar o bonde sem trilho,
O que há de vir... vem...
Se respirar muito... o bonde passa
Passar é o seu destino

Deitar o fado na almofada da espera
Quem dera Quimera fosse uma só
Pensamento nó de escolhas
Norte destina o sul... rosa-dos-ventos
Giro completo na palma do destino

O peixe escolhe a maré
A maré escolhe o peixe
A escolha beija o destino
E o destino beija a escolha

Que o sapato escolha o pé na estrada
Cada perna com seu passo
Que o destino da boca é o sorriso
E o destino da escolha... um abraço!

SÓ UM SONHO

Dormir e acordar
De cara com ela
Aconchego no colo da vida
Esvazia a vontade, repara a ferida.

Era só um sonho... estava ali
Retira-me as forças, amarra a mão
Estalar de dedo pra acordar
Concordo com a exatidão do nada

Força, presença de parar a vida
Escolha contida... incerta
De todo sonho tem um acordar
Em todo acorde tem um sonho

Mesa redonda... casa suja
Sua casa redonda mesa
Talheres limpos... início do sonho
Casa de paredes aéreas de sonho
Todos à mesa a cumprir a vida
Todos no sonho pra sentar à mesa

Ruas de descidas vazias
Ilha de destino aberto
Esperto sonho... atendo à vida
Vida atenta perto...
Era só um sonho

Lágrimas de perder o fôlego
Sorriso amarelo me diz
O silêncio muda o mundo
Era só um sonho... tristonho sem saber
Que era só um sonho

Nem tudo pode voar...
No sonho pode...
Pipa voada de cabeça pra baixo
Tudo embaixo da cama... corpo encima
Ensina a lei do tudo pode um sonho
Da tristeza ao risonho
Do beijo à despedida... ferida... querida...
Era só um sonho!

VENTO BOM
Para Leonela Battistoni

Vento, já que és passageiro
Traz primeiro o frescor do mar
Leve ao deserto gotas de amor
Acerta a reta e curva quando quiser

Vento, obrigado por ventar...
Provar e comprovar o movimento
A água molha... o fogo seca
E o vento... vai...
Seca a água, acende e apaga o fogo
Cria onda... começa tudo de novo

Vento... grito das árvores
Arrepio do medo...
Liberdade da pipa
Venta o mundo... inventa um certo sopro
De certo é que tudo muda num vento.

Se a vida venta... ela pulsa.
Que o medo não abrace o movimento
Que a beleza da chegada seja a da partida.
Que o vento... voe... vá e volte... e de resto...
Tudo vai dar certo!

BEN TENNYSON

O seu cachorro fala au-au
O meu diz: quero curtir
Que a vida é mais que au
É luau na espinha da madruga

Me serve ração...
Eu quero razão rasgada no pelo
Pelo menos uma escapulida
Uma pólvora pra explodir meu latido

Uma moto pra rasgar atrás
Uma criança pra amedrontar
Sonhar com um cão e se lembrar de mim
Um medo com cara de leão

Minha vida vale mais que um osso
Ouço o que você não vê...
Humano pequeno... limitado dos sentidos
Sinto que quero estar por perto
Esperto de carinho... .uma ilusão
Sou mais do que você entende...
Não sou mau... sou o bem
Ben Tennyson...
Valeu... abraço... fui...

GRATIDÃO

Se a palavra ainda é capaz de dizer...
Tento juntar o melhor pra você...
A vida vale a pena
Vó... com um nó na garganta, canto pro mundo:
Obrigado.

Minha mãe... Pra você é difícil encontrar...
As palavras certas... A rima esperta...
Me aperta o coração...
Explode a alegria em dizer:
Muito obrigado... Te amo.

Pra mim... Miltinho é mais que um amigo
É parte da minha estrutura..
Ternura diária... força... irmão.

Aos meus filhos, me perdoe...
Se em algum momento não correspondi...
Mas os guardo...
Mais do que um pai do não...
Mas um companheiro do sim.

A todos meus amigos da canção...
Da construção do que eu sou
Só tenho também a agradecer...
E dizer que A VIDA É MARAVILHOSA
E... TUDO VAI DAR CERTO!

ESTAÇÃO
Nadar agora no olhar que te navega

Uma linha traçada, um trilho certo
Entrar na estação...
Como se o desejo da saída fosse a chegada
Num abrir de olhos tudo passa
Se apagam os pontos traçados...
Que trace o agora... não com trilhos de aço...
Mas com um lápis no papel molhado
Sentir o desfazer em pleno fazer
O eterno acabou de acabar
Mas foi infinito
O amargo virou doce
A pose de saia e pernas...
Virou estatua perpétua no olhar.
A saída e chegada se apagam na passagem
Mudança de rumo
Mudança de roupa
Apenas seguir na sombra do agora
O destino é a beleza em movimento
Que seja isso... transformado no aquilo
Que pula na parede e cai na mão
Antes de fechar ela escorre
E vira nuvem de formas curiosas
Vale a pena amar o que veio, logo vai
No meio do certo o inesperado se esconde
Sem largada e sem fita pra cruzar a chegada
O sumo do mundo é a equação do nada

Nadar agora no olhar que te navega
E a estação explode na saída e na chegada
E o que sobra é o sopro bom do meio
E a passagem sem rumo...
Pra nenhuma estação.

SOPRO SEM VENTO

Quando o silêncio grita
O vazio da alma expande
E o abismo se faz porta
E as palavras já não cantam

Só o que posso dizer...
É o que minhas palavras calam
E a escada sem degraus responde
Que o sopro vá sem vento
Que o sorriso do mundo é a dança

Dançar na cova dos leões, sorri pras feras
Entrar no mundo desconhecido... trocar a pele
Sentir frio com a mão aberta
O que aperta o coração não e não
Distância triste do sim

Basta o sim... No dar as mãos
Basta na tristeza sorrir...
Basta a grosseria ser feliz
Doar luz pro amor
Sempre a um passo da esquina da dor
Toda confusão se cansar...
Olho bom!

Olha... Tudo de bom é ver o mar
Mar de sim... De belo... Mardegi... De gente fina
De tudo que não se diz com palavras...
Mas com pequenos gestos
Gesto de amor!

SORRIA...VOCÊ ESTÁ SENDO FILMADO!

Mais um dia acorda o galo
Saída do beco a bela vista
Um mundo na batida do prego
Na espera do ponto...
Abrir o ponto pra virar linha
Em linha reta, cabeça baixa

Sorria... você está sento filmado!
Maquiado, manipulado, mal alimentado
Do escritório a construção
Corrente na mão... mente na TV.

Corra pra ver... gol do Brasil!
Você é importante, merece uma placa!
De trouxa... trouxa na cabeça e barriga vazia
Mas sorria... você está sendo filmado.

Qual o problema da segunda se existe a sexta?
Qual o problema em ser escravo?
Se existe o reino do senhor!
A resposta ainda está na chibata...
Bate lata, panela e tamborim...
Mas no final... "soldadim"...
Cada um no seu "cantim".

Pode comer... mas não pode plantar
Pode estudar... mas não pode aprender
Pode crescer... mas não pode alcançar

Pode viver... mas não pode sonhar
Pode olhar... mas não pode sentir
Pode nascer e morrer... mas firma tem que reconhecer.

Firme no batente... sempre contente
Sempre presente, medalha de ouro!
E mais um dia pra acordar o galo
Ser brilhante na lama...
Entrar na loja e abrir um crediário...
E na parede um lembrete...
Sorria... você está sendo filmado!

O TEMPO ANDOU DI-VAGAR

Por que será? Por que será?
Que a avenida ainda há de passar
O corpo há de alimentar...
E a vida há de viver

O brilho distrai a fera
E o peixe pequeno passa na rede
Cambaleia a mentira no pano
O parque de diversão sem cinto

Sinto a fogueira que apagou
A viagem que terminou
O sol que não saiu...
Sinto a pipa sem a linha

Por que será? Por que será?
Que um sorriso embaraça a alma
Uma unha solta no dedo da deusa
Um amor pra lá do tempo

Talvez no México mexa
Um X no ar... Andar ao fim da praia
Encontrar nova trilha... Outro verde
Uma bolha de sol na pele

Por que será? Por que será?
Que o coração há de pulsar...
Que a distância fica mais próxima com amor
Que tudo fica simples no amar...
Por que será? Por que será?

IMPERFEIÇÃO

Sábias palavras mal escritas
Pernas tortas... letras tortas
Torta na cara do palhaço
Gosto dos sapatos desamarrados

Da roupa fora de moda
Da gíria que chegou depois
Pois... sem o torto do anzol...
A pedra pula três vezes na água

Tropeço no caminho... mais um arranhão
Ferida torta... sorriso torto
Caminhada de sonhos retos... ilusão
Aperto de mão... encaixe torto

Robô humano parado na lama
Chegada a hora de saber...
Perfeição das cores no papel
Aquarela reta... mancha real...
Imperfeição!

PERFUME

Para minha grande pequenina amiga!
Perfume bom do mundo, a amizade,
Leonela Battistoni

A felicidade está nas pequenas flores
No anel com perfume de bem querer
No saber que o bom é estar bem
Que tudo passa, o perfume fica.

Perfume é escolha do agradável
É rir pro desconfortável
E sentir aroma do movimento
Voar no acolhimento do perfume.

Esvaziar de si e perfuma
Sucumbi à beleza de não mais estar
De não mais querer... E viver!
E saber beber... O gole de cada... Ser!

Perfumar o futuro de passado
Se vestir de cheiro de lado bom
Dizer que a vida é maravilhosa
E que o da mistura do que fiz... É rosa!

UMA FLOR NO CORRIMÃO
Para Gisela Chever

Como o primeiro gole da garganta seca
A pele cicatrizou... Sozinha
Caminha ao mesmo tempo
Nas duas mãos da avenida

Para só um pouco...
Pra ver que ainda não se alegrou
Na busca do pergaminho
Esquecido na barraca

Um cão se aproxima mais uma vez
Por fim... Todos querem carinho
No labirinto da indigestão
Uma xícara de café ajuda

Caminho na estrada de terra
Cigarro de palha na boca
Quanto mais simples... melhor
Escutar os bichos no mato... relaxa

A vida é maravilhosa...
A espera do amor na janela
Contemplação perfeita do hoje
Certo que tudo passa...
Assim como...
Uma flor no corrimão!

CECÍLIA FILHA
Aos 14 anos de minha filhinha!

Era um embrulhinho...
Olhos de girassol bebendo o novo
Branca irmã do João
Era um embrulhinho!

No meu colo... dança de ninar
Olhar de perto...
O milagre entorpece
Minha filha... o melhor pedaço de mim!

Responde a careta com careta
Cabelos livres... sem maquiagem
Roupa confortável...
Ninguém me governa!
Sem governo... sem panela

Minha filha chegou aos 7 + 7
Com mais 7... 21...
"Tenho 7 namorados só posso casar com um".
Entrei na dança... "rodadança"
Ciranda da Cecília

Filha... meu eterno embrulhinho
Linda parte do caminho...
Caminhe... voe...
Lace, lance... dance em todas as trilhas
Se desembrulhe todos os dias
Viva a vida... minha vida!

FORMIDÁVEL PASSO NO ABISMO

Toda pornografia Santa
Abraço de príncipe no ateu
Primeiro gole de soluço
Formidável passo no abismo

Parada repentina na ilusão
Da verdade ficou três cortes
Uma saia enforcada de olhos
Curva pra desviar a vista

Separa os primeiros gritos
Do desespero a cerveja entorna
Em toda cor a luz renasceu
Corre mais que dois pés na neve

Leve olhar pro infinito
Um minuto de gratidão
Escorre o sêmen do bom
E amanhã...
Mais uma rosa vai nascer!

MIRAR EL PERFIL

*Para una mujer que merece todo mi respeto,
mi amor Gisela Chever*

Arena de la playa
Una mirada perfil
El horizonte es sus ojos
Ruta de acceso a la belleza

Jane sonido
Pared de discos
Gira y gira para detener
Un día más de amor

Una vez más,
El tiempo se detuvo
Una vez más
Abrazó el horizonte del mar

La más bella imagen de perfil
Encanta el paisaje...
Fotografía de un tiempo
Donde el tiempo descansó

Los sabores se mezclan
Sentimientos de la cazuela
Y la vida es la ruta más bella
Mirar el perfil... Gisela!

ERA UMA NUVEM

Olha pro céu de perfil
Metade da ilusão encheu a caixa
De fósforos... riscou um cometa
Na bainha da saia... espaço

Nada mais pra descobrir na ilusão
A nuvem passou perto
Abriu a caixa... coelho saltou
Mesmo de longe o amor beija o ouvido

Guarda a dor de outra estação
Caminha nas nuvens
Pra não deixar pegadas
Algo da alma precisa sair
Voar!... novas páginas em branco

O mesmo coelho volta...
A cartola ainda aquece
Vida sem mágica é água parada
Sempre abertura de cortinas...
Sempre um novo show
Sempre mágica!

A nuvem passou
Escureceu e clareou...
Parecia o fim do dia
Uma forma de espanto
Um peso no ombro... passou...
Era uma nuvem...

UNA PASSAGEM

De um ponto a outro do coração
Há espaço pra mais trilhas
Há espaço pra canção
Há passagem pra passar

Passo a passo da passagem
Aorta... rota... gruta... ruta
Respira o ar do novo amor
Certo que tudo passa...
Reuni as malas e sobe

Sob as malas da recordação
Chuva relâmpago nos olhos
Carimba a neblina que passou
Alguna cosa...
Se quedó en la tienda

Se recupera no próximo gole
Na próxima passagem comprada
Na espera do olhar da manhã
O presente da vida é hoje

Uma passagem festiva
Encontro de sabores
Beijo no dente...
Chegada e saída...
Una passagem!

QUERIA

Queria o riso alegre da criança
Queria a flor que espera pra abrir
Os braços abertos do ofendido
Sempre na direção do ofensor

Queria a gravata da indiferença
Mergulhada no lago do olhar
A roupa nova da vitrine
No primeiro necessitado

Queria o medo como camarada
A dor como trampolim
Casas... Como acolhimento
Esperança no pão de toda manhã

Queria a melhor voz na estrada
A escolha feita no pulsar do coração
Um montinho de areia
Pra deitar a cabeça na praia

Queria toda ausência do querer
Comer com a mão
Andar descalço até a próxima sombra
Andar em círculos por acaso
Curar os cortes com saliva
Cruzar um rio pequeno
Entrar nu... No mar!

GRACIAS AO MUNDO
Para Gisela Chever

Obrigado pelo que faz e desfaz
Pelos últimos raios de sol do dia
E início da manhã em outro lugar
Gracias ao carinho que leva a passear a alma.

Obrigado pelo coração que pulsa
Por toda curva no caminho,
E a sensação de um mundo novo
A cada movimento do para-brisa

Gracias aos olhos pra mirar o mar
Obrigado por existir um abraço
Laço de fita pra duas almas
Bom saber que a vida é maravilhosa

Obrigado por não ensinar tudo
Por existir opção
Um canto de praia ainda desconhecido
Uma foto de perfil da mulher mais bonita

Gracias por vir e voltar
Pelas ondas no mar...
Mardegi... de a-çaí e chegar
Obrigado pelos dias
Noites... lugares e estradas
Gracias... pela graça de escrever
Sentir sem ver...
Obrigado por amar!

UM PASSO ALÉM DO HORIZONTE

Da um passo... um suspiro
Acabou no encontro do sorriso
Um abraço apertado vale um...
Dois ... três... agradecimentos a vida

Corrida... busca... inspiração
No trocar de copos
Corpos a maresia do trocar de tendas
Aprenda... que a maior parte resta

Resta um... dois... três passos...
Pro horizonte rir
E esperar mais...
Mais do mesmo olhar

O horizonte se encanta ao espiar
O olhar da menina que já foi
Estar... cantar e encantar...
A fome do poeta

Que espera, arde e reparte
O olhar em mil formas
De ver a mesma forma...
Só um passo...
Ao horizonte... .viu!

MUDANÇA

Só queria ser o escorre...
No telhado da casa
O tempero mudando de cor
Ser uma cor desbotada
Na tinta da varanda

As células da asa da gaivota
A águia mirando o alvo
Calvo de pensar no seguinte
Requinte a mesa comendo na mão

Um cão sem coleiras
Um velho se equilibrando...
Com um pé só... no precipício
A bolsa rodando na esquina

Ser toda genética e mutação
Um ser sem coração
Quero pulsar no silêncio
Ser um animal mal entendido

O soluço da realeza
E o prato cheio do pedinte
Quero comer com requinte...
O osso largado no canto...

Quero ser o espanto...
O espantado...
A tristeza levada a sério
Assim como o riso do bebê
Quero beber... até me encher de tudo
E mudar!

MAMÃE!
Para minha mãe Fátima Regina Carvalho

Fátima, fatia a vida e dá
Uma fatia em cada lugar
Mina de minas... sadia
Sabiá da roça... na Zona Sul
Garota de Ipanema

Cruza a vida da arte
Arde em ser só
Só mãe dos meninos
Só mulher de choro canto

"Uma vez você falou
Que era meu o seu amor"
Uma vez vi minha mãe chorar
Sempre chorei junto

Aprendi a doar... a ser o que sou
Com o coração do João...
Do Dote... Sebastião...
Artistas da vida simples

Um pedaço de mato
Já rima o mundo
O sofisticado é simples
A mesa posta... fica melhor no chão

Fátima... minha mãe
Obrigado por ensinar a ser
Mais que ter...
Obrigado por ser o que é
Mulher, irmã, filha, amiga, tia, avó...
Minha mãe!

NÃO ME INTERESSA A ORIGEM E O QUE VAI ACONTECER

Corre pelo asfalto quente
Voa o mais rápido que puder
Desespero em chegar logo
Busca de um choro já esquecido

Parece não ter tampa...
A garrafa do coração
A medida não cabe na sandália
Os pés inchados de perguntas e frio

Tanto mistério, grito e silêncio
Na floresta escura e no fundo do mar
Na busca desesperada do amanhã
Na viagem que ainda não começou

O amor chega e queima a ansiedade
Diminui a velocidade
E já não há mistério na floresta e mar
O amor venceu o vazio!

Não interessa a origem...
E o que vai acontecer...
Interessa viajar hoje,
Sentir hoje... viver hoje...
Você!

A PAIXÃO

A paixão não tem contagem
Não tem governo, educação
A paixão pulou o muro
Pra roubar frutas... amargas

Beijou a boca com cabelo
Entrou em qualquer bar
Calçou qualquer chinelo
Raspou as memórias com navalha

Parece que tudo termina hoje
Não a tempo de esperar
A paixão rasga os dedos...
Pra chegar na rosa

A dor como seu envelope
Selado com vermelho escuro
Sangue quente no canto da boca
Paixão...

Desesperada... ardente, pulsante
Filosofia dos amantes
Um pedaço do desconhecido na carne
PAIXÃO!

UM RELÓGIO NO PEITO PARADO

Para Gisela Chever

Onde está o tempo do sorriso?
Onde está o minuto do primeiro sol?
Nesse tempo preso no aquário
Nasceu a falta de olhar pro céu

Cartas feitas à mão
Sem tempo certo de chegar
Calma... boa comida no fogo baixo
De um casulo nasce a flor

Hora certa pra voltar
A certa hora o sono passa
Acerta os ponteiros da visão
Aperta o coração na fração do beijo

Um relógio parado no peito
Para, pra ver gaivotas
Tudo muda... tudo volta
Tudo é canto... tudo é meio

O amor parou o tempo
Os ponteiros ficaram na barraca
Um olhar desafia o infinito
E uma bolha de sabão...
Brilha e se desfaz!

PORQUE
Para minha preciosa amiga Gisela Chever

Porque a abelha entende a profundeza da flor
Somos amigos...

Porque a soma das partes não é o todo
Somos amigos...

Porque o mistério de toda vida cabe no seu sorriso
Somos amigos...

Porque um beijo viaja mais rápida do que a luz
Somos amigos...

Porque toda saída é chegada
Somos amigos...

Porque qualquer caminhada juntos é o primeiro passo
Somos amigos...

Porque o esforço em expressar vira poesia
Somos amigos...

Porque a noite vira dia
Somos amigos...

Porque te amo demais!

PAPARAPÁ... RAPARAPÁ... RAPAPAPÁ...

Escrita na companhia dos amigos Joca Jorge, Gisela Chever, Constanza Barreyro e Aye Galeano

Som de ouvido... mar...
Intervalo dos cristais
Meio rosto atrás da porta
Foi só uma sombra de onda na areia

A vida pode ser uma barraca que voa
Um peixe na boca da gaivota
Uma mordida no gelo
Um abraço quente
Paparapá... raparapá... rapapapá...

Todo som do mar já é canção
Qualquer passo despretensioso
A trinta cores da estrada
Um pouquitinho de amor já nasce o girassol

Melodia de natal... media noche
Meio choro de criança Deus
Paparapá... raparapá... rapapapá...
Sou o caminho a verdade e a vida

O primeiro e ultimo intervalo
Todos os acordes e toda canção
Sou o amor puro de todo coração
paparapá... raparapá.. rapapaPAI!

TE AMO... ATÉ JÁ...
Para Gisela Chever

Te amo em toda sua simplicidade e complexidade...
De idade, o amor ainda não nasceu
Colheu os frutos antes da semeadura
O amor saltou o tempo

Fidelidade com a luz repleta de escuridão
Dão ao ar um fôlego de saudade
Uma nova rosa cresce pela manhã
E o caminho aponta o contorno do horizonte

Somos a lembrança do agora
Toda hora... sorri um passarinho
Sempre na janela da liberdade
Com amor... o tempo passa brincando

Te amo...
Porque amar é o erro da equação
A canção esperada no improviso da certeza
Realeza que passa o chapéu
Caminho fora dos trilhos

Te amo querendo desamar
No assovio do bêbado... em toda busca
No encontro e desencontro das águas
Te amo... porque as palavras embolam a língua!

JOCA JORGE
Para este grande ser, amigo Joca Jorge

Quero crescer pra tocar na varanda
Numa quitanda fazer rir...
No luar uivar pra terra cheia
Cheia de gente engraçada

Quero crescer para esquecer
Dos meus sonhos tolos de criança
Esperança é passar perto e sorrir!
De braços dados com a ignorância

Pular três ondas no mar
Correr atrás do primeiro trem
O que vem me basta
Rasta... Cristo... risco na sorte

A vida é uma aventura juvenil
Barril cheio de lembranças enfeitiçadas
Pronto pra fagulha do agora
Que horas?... O despertador já pulou

Na varanda da moça
Louça nova a sujar
A vida é o prato cheio
Cuspir e comer a vida...
Dá no mesmo!

LÁGRIMAS NA MEMBRANA

Olha ao longe distraída
Passa entre você
Uma rede na varanda vazia
Aumenta o tamanho na palma da mão

Nem tudo se cruza agora
Um amor no outro barco
Outra rota de colisão
Olha ao longe distraída

A gota escorre a membrana
Olho sem alvo... sem mira
A tristeza às vezes vem na frente
Passa entre você

Dança com lobos, gaivota
Volta a dançar sozinho
No ritmo do sono
Uma rede na varanda vazia

Tudo é diferente no escuro
Nebuloso na dor...
Por fim libertador
Membrana rompida
Tudo que era pequeno...
Aumenta o tamanho na palma da mão!

UM CANTO ESTRELAR

Quero ficar bêbado num só gole
Captura da lente nas três Marias
Leds voadoras e brilhos no mar
Vagalumes, plânctons e estrelas...
No canto estrelar!

Um pouco de tempo pra olhar pro céu
Na boca do mundo... Palmas
Uma tela natural!
Aquela estrela... riscou o céu.

Cadente bate papo
O espaço escuta o tempo
E fala baixinho pra chegar depois
Depois do próximo gole
A estrela andou um pouco mais.

Um canto estrelar...
Espiar do píer
Parar um pouco... suficiente
Pra chegar mais perto
Longe... na mão... no pé...
Na estrela...
O aqui.

1 + 1 = 2 E UM POUCO MAIS!

A vida é o inexplicável...
É o que não pode explicar...
E um pouco mais
É uma jarda pro quilômetro
Uma milha da minha mão
Nós e pés na estrada
Medidas pra encher o balão
Um abraço chega mais rápido nas estrelas
Encontra a contemplação da paz
No MARDEGI
No olhar que te navega
Amar... é o milagre do encontro
Paralisar a ambição do querer mais
Já chegou... calma...
Todos os sentimentos escapulidos das fórmulas e equações
A vida é mais que um mais um
Um corpo um copo... contudo... e só
A vida quando se olha... já virou a esquina
Menina com flores no braço
Borboleta no pulso... pulsa
Mira a miragem da palmeira escondida
A caminhada pro mar
O amor refaz o caminho
Volta atrás e vai á frente

Fica no mesmo lugar e voa
A vida é um pote de tinta no Jardim de infância
É desmedida,
É uma montanha feita hoje
Um carinho eternizado
Um sentimento que ainda não tem nome
A vida é maravixosa
A vida é um mais um... e um pouco MAIS!

A FÉ

A fé em tudo que já acreditei
Arregacei as mangas pra não sujar
Limpar de mim a sujeira na mente
Correr pra não chegar em mim

Subsidiar o combustível da vela
Velar a vida rindo da janela
Canela preta com banana
Bacana a União das cores

Fé... qual é? Dos Santos e orixás?
Sabe mais o arroz com farinha
A galinha viva botando ovo
Fé... é botar o pé no chão todo dia

Se desesperar na inconclusão
Rasgar os livros e acreditar nas aves
Voo curto... bastante pra seguir
Sorriso escondido nas árvores

Fé... tela com tinta invisível
Brilho mágico no olho do bebê
Cadê? Por quê? Em quê?
Fé... Rua da noite apagada
De pés livres... corrida feliz...
Fé.

GOSTO

Gosto de comer gordura
Gosto de carne viva
Gosto de perder as chaves
Gosto de portas abertas
Gosto do pé no chão
Gosto de dormir três semanas
Gosto de ar
Gosto de álcool
Gosto das cores das garrafas
Gosto do som dos goles
Gosto de poesia sem rima
Gosto da farmácia fazia
Gosto da esquina cheia
Gosto da melodia meia noite
Gosto de jogar pedras nos rios
Gosto de estilhaçar as vidraças
Gosto de derrubar os manequins
Gosto de ficar nu
Gosto de angu com feijão
Gosto de catuaba selvagem
Gosto da malandragem
Gosto do improviso
Gosto de ver as estrelas
Gosto dos contos
Gosto dos descontos
Da melodia

Da ilusão
Da sombra
Da luz
Da confusão da certeza...
Gosto de estar vivo.

ACABO DE NASCER

Abra a página e VEJA:
Os cientistas descobrem coisas óbvias
A água é bem molhada
E a humanidade fadada a isso

Descoberta da roda que gira
Do fogo que queima a mão
Do ferro que é rígido
Regendo a natureza mole

Tira onda na manobra da lua
Crua luz cheia de sol
Descobrindo o brilho das estrelas
Se sinta Deus sentado nas constelações
Com o aperto na barriga

Corações cheios de verdades
Conto de gato de botas
Roupa nua de gente
Gentileza é aprender com o céu…
De tão grande…
Acabo de nascer!

UM GIRO NO SEGUNDO

Para o querido Ivo Vargas Ganjah

Como um flagrante no segundo
Primeiro impacto da beleza disso... Ivo
Um punhado de segundos
Na pontinha dos dedos

Pula pra descobrir o acento
Sentado na sobra da luz
Um pedaço de escuridão na minha maldade
Um sorriso sincero clareia o mundo

Clareira no entardecer da visão
Arde... espreme... exprime
Imprime o acorde da noite
Rói a dentadura na esponja

Aperta o coração da lady
Leite pra alimentar todos os seios
Senta à mesa e pede amor
Comida sedenta de aventura

Lisura nas curvas da mulata
Morena... branca... ruiva... negra..
De todas as avenidas...
Dos becos da boca aberta
Mira... acerta toda dúvida
Comida sublime... é AMAR!

7/10/2016

CHEIO DE MINHOCA NA CABEÇA

Fala viado... a vida é do caralho
Rápido e rasteiro,
Quem criou a minhoca?
Estava cheio de minhocas na cabeça

Esqueça o canal e busca o prazer
Quero dizer... um grilo falante
Tá ligado? Do caralho o vocal da voz
Grito que ressoa na sinfonia do orgasmo

Desde o princípio entendi a dúvida
Duvido que a criação come o criador
Respeite meus peitos...
O ceio da ceia é a mistura

Criatura cheia de graça
Engraçados estilos cheios de gente
Cai bem a ilusão da verdade
Tá ligado? Sacô?
Sai pra comprar cigarro e não volta nunca mais

Tudo bem claro na rebeldia da fumaça
Mergulho na divindade do ateu
Todas as portas sem maçaneta
Um coração no espelho embaçado de cada banho
Sensacional... é viver!

ATÉ TERÇA-FEIRA

Três pontos no final... a vida continua
Via expressa pro sinal vermelho
Pressa do homem em não chegar ao final
Calma... a vida continua

Nua alma atrás das cortinas
No terceiro dia o amor subiu ao céu
Conversa tranquila no sofá
Três garrafas... e a vida continua

Palavras com grafite de amor
Três cores primárias enfeitam a festa
Equilíbrio no tripé da esperança
Criança do balanço sobe e desce

Cresce a vontade de voar
Três anos ensinando a ternura
Fruta madura ainda na semente
Calma... com alma... a vida continua

Um por todos... todos por um
Três mosqueteiros
Trinta e três mineiros
Todos à procura da luz

Conduz o fio... acende a lareira
Chega perto, esquenta a vida
Passa dançando na praça
Morde a ferida, fica nu.

Arranca aplausos do bêbado
Tira o casaco do peso... vai pra rua
A vida continua... salta da beira
Volta sábado, domingo ou segunda...
Ou talvez... terça-feira.

NILTINHO... IRMÃO!

Pensa... pensa num camarada
Pensamento bom, rima no gesto
Pensa... pensa num amigo, descobre irmão!
Não abre mão de ser parceiro

Amizade transpira beleza
Fortaleza de portas abertas
Deixa entrar o bom da alma
Nasce mais um sol!

No kata nova vida
Nova praça, novo rumo
Habilidade de sobra
Sopro a vela! Tenho Amigo
IRMÃO!

Nil-TON de do, re, mi, fa, sol, la, si...
Si todos fossem no mundo iguais a tu
O mundo sorriria mais vezes ao dia
E a noite seria sempre um carinho!
Obrigado por tudo!
Meu irmão NILTINHO!

UMA AVE NO TOPO DA MONTANHA

Toda onda carrega um mar
Amarrada alma de vento
Vestida com tom de chuá…
Toda semente carrega o mundo
Esperança de mudar o lençol

Mistério do pombo no papagaio
Do limão no maracujá, farelo da estrela
Estampado na cara de cores cintilantes
A menor parte da planta mapeia o topo

Perdido no caminho da padaria
Gaiato animal com roupa de gente
Sapiens sapiens… Fazendo fogueira no quintal
Gaiato pássaro imita a pedra
Peito de pombo e bico de papagaio
Fé
Vai, papagaio… Conta o que viu na ilha,
Amarra o bilhete no bico do pombo… e deixa ir
Leva o segredo pras pirâmides do sana
Beba a cachoeira com canudo

Tudo é praça de jardins… Canteiro de poesia
Toda arte carrega outro verão do dia
Somos picos e pipas… Som das ondas
Somos um montinho de poeira no chão
Uma ave no topo da montanha.

ROTEIRO CORTADO

A vida é uma bobagem genial
Como um filme sério que me faz rir
Personagens cumprindo seus papéis
Tudo muito bem organizadinho
Ninguém quer queimar o filme

Luz... câmera... ação... gravando
Vem ver... é um menino... campeão!
Esse vai ser doutor... Vai comer todo mundo.
Ihhh... é menina... minha filha... vai morrer virgem!

Comer pra ficar fortinho, crescer e comprar um carro
Filme de longa metragem... em zero quilômetro
Corrida no mesmo lugar... ouro de tolo
Tanto ensaio par chegar no pódio
Podem ir filmando que eu chego depois

Corta... corta... passa a régua e pedi a conta
Começa tudo de novo, no improviso, no improvável
O segredo é não esperar muito o bonde passar
O sagrado é estar nas nuvens chupando um picolé
Ser mané... quem quiser... comer com a mão ou no pé.

A vida é mais que uma camisa bem passada
É mais que a cartilha amassada e coração partido
É parto... partida e chegada... pacto com o amor por amar
Puro arrepio da curva e dos cabelos
Um abraço apertado de amigo!

A vida é a melhor cena do filme
Um carinho do milagroso... bela
Um caminhar movido se sonho e tinta fresca
Pra colocar o dedo da escolha...
Abrir a rolha... e viver!

VAI... PAI!

Pai... pai...
Quantos olhos de pai? Pai...
Meu filho tem pra mim?

Vai... pai... sobe as asas e vai... pai
Se o destino distrai... pai
Olho atento pra ti

Ensina a colher o que o destino plantou
Ensina a morrer e viver com a dor
Ensina a olhar com leveza pra flor
Ensina o meu filho a entender que eu vou

Pai... pai.. todo filho quer pai... pai
Sem saber onde vai, todo novo é senhor
Vai... cai... se arrisca e cai... vai
Segue as serras e as pedras do rio
Segue as aves... marias do caminho
Viva as dores do amor!

Torna a casa do filho... pai
Abre a janela da verdade da criança
De pai que nunca deixou de ser filho
Do fio que nunca se desliga do pai!

FRUTA CAÍDA

Quando a estrada desfaz o caminho
Salto toca o chão... um espaço de tempo
Floresta incandesce a trilha
Raiz sobe a copa pra beijar o vento

Inventar a vida na curva
Contar pro velho a novidade
Com idade de chegar...
Onde o novo já é passado

Passado os dias chega ao parto
Caverna de libertação
Cidades de esconderijo
Redijo a busca no vazio

Invento todos os dias o que já foi dito
Repito várias vezes até esquecer
Que o amargo da vida nada no mar do sei
E o doce... na fruta caída do chão!

NÃO GOSTO

Não gosto te ter que gostar
Não gosto da terra cheia de gente
Não gosto da garrafa vazia
Não gosto de estar sóbrio
Não gosto de palavra forçada
Não gosto de comida contaminada
Não gosto de gourmet caro
Não gosto de criança que não come meleca
Não gosto de velho arrependido
Não gosto de mulher pintada
Não gosto de homem fortinho
Não gosto de playboy
Não gosto da hora do rush
Não gosta de ir pra escola
Não gosto de chefe nem patrão
Não gosto de religião
Não gosto de esgoto na Guanabara
Não gosto de camisinha
Não gosto de ter hora
Não gosto de patricinha
Não gosto de roupa de marca
Não gosto de limites
Não gosto de moda
Não gosto de início
Não gosto de final
Não gosto de meias palavras
Não gosto de ter que nascer e ter que morrer
Não gosto de porra nenhuma.

Poema de Joca Jorge e Lorena Morena

LIVROS RASGADOS

Rasgar os livros as páginas da lei
Ser rei no hospício
Chegar ao céu e se esquecer de voar
Caminho nutrido de chumbo

Roupa de linhas tortas
Um aniversário sem vela
Pra comemorar a falta de tempo
Celebrar a brutalidade do mundo

Rir no fundo do poço
Roendo o osso a prestação
Reunir as peles pra botar no feijão
Um quinhão comprou a vida

Todo tempo esparramado na terra
Uma tela em cada mão de um tempo vazio
Lágrimas pra limpar o asfalto
E quanto mais alto... menor!

JÁ DEU
Para Gisela Chever

Nova face careta no mundo
Com farol alto na cara do cego
Apaga o olhar pra ver a luz
Conduz a vida na tatuagem

Miragem da beleza na sombra
Onda de marolas desequilibradas
Feliz estado de apagar os olhos
Buscar o equilíbrio no canto do silêncio

Esperar o trem pra pegar o bonde
Andar na calçada que a pedra esconde
Esperando o ônibus passar
E caminhar no pedaço do esquecimento

Rodar a vida na mudança do talher
Ser mulher, homem e menino
Pequenino na esperança do presente
Tudo que tenho é mudança de endereço

Conto todas as manhãs pra noite
Esperando o dia seguinte da liberdade
Passear a toa é o melhor da vida
Comer o fruto que vem da estação

Tentam contornar meu desenho
Apertar meu corpo no vagão
Explodir minha cabeça no coro da igreja
Rabiscar as linhas que eu ainda não sonhei

Se mereço o espelho do que conheço...
Prefiro o reflexo do que já não sei!

O CADERNINHO
Para Vó Nilda

O bom da vida é um livro sem linhas...
Desalinhado, sem palavras...
Sem números e sem marcas
Uma página em branco a cada dia
A ser marcada como quiser
Ou ser marcada de nada
Com selo do imprevisível
Tenho apreciado as marcas das coisas...
As marcas na mesa e manchas no sofá
As manchas de sol na pele
Desenhos de uma história nas rugas
Negar as marcas e manchas...
É negar o movimento...
Negar a vida!
Que celebremos então as marcas da vida!
As manchas do pincel do destino
Que celebremos então...
Um livro aberto e muitas páginas a serem marcadas...
E manchadas de vida!

CANÇÃO

Quanto à canção...
Na parada, rastro de luz
Cesto de sentido amedrontado
Cores que o olho não vê

Chegada hora...
Todo peso da mala na mesa
Com descalços pés no chão
Pra canção... uma pausa no sorriso.
Pro sorriso... uma nova sensação

Quanto à canção... Não se cansa...
Quando o peso já não mexe a balança
E a gravidade de tudo é pena
E a lembrança da dor... serena

O giro do mundo na bola de basquete
Um tapinha pra começar
Repete as frases... Muda a rima...
Abre a torneira e bebe o mar

Quanto à canção...
Cruza o rio, vai ao ar
Incendeia o fogo
Afoga a água... e segue a amar!

A PROCURA

A procura... ali na rua atrás do poste
Poste que é ele... quem procura
Embaixo do copo no bar
Esticado no sofá de domingo
Será que a procura vai achar?

Um rosto parecido cruza a rua
No bigode da nota de dez
Bota a mão no bolso e vê se acha...
O que acorda disposto a encontrar...
Será? Será que o pé alcança a sombra?

Assombra a vida... paralisa...
O medo do fim... o beijo da morte
Maquiagem engana o espelho
Esquece a procura no vertido vermelho
Cura o dia na noite... depois reza de joelhos

O procurado riu de tudo
Subiu no galho mais alto e gritou baixo
A vida é viva... Viva a vida!
Sorrir na despedida
E jogar o pé na estrada!

A resposta encontrada já se foi
E o baralho já é outro novamente
A novidade do dia é o dia
A procura da felicidade... à sua frente!

A vida segue passagem...

UM PONTO DE FERRUGEM NA MOEDA

Nesse momento o joelho estalou
Parou o vento na folha do coqueiro
Talvez seja somente...
Medo da solidão ou da morte

Talvez não deva entrar nesse avião
Nesse apartamento de paredes brancas
Nesse beco de pouca luz
Talvez seja só a mudança de tempo

Um ponto de ferrugem na moeda
A água já esquentou pro café
Tenha fé!
A asa está quase cicatrizada
Logo, logo vai voar!

Logo, logo... ali... logo ali
Começa o oceano
Logo naquela praia
Bela vista do mar
Começo do mundo...
A folha voltou a mexer...
Já posso voltar a andar!

18/07/2017

ESQUINA DO 70

Até um pouco à frente
Logo ali na esquina do 70
Bem próximo... bem quente
O amor do rio nas curvas

Até o sol às vezes pede cobertor
Nada tão vasto quanto a solidão
Sorriso amarelo...
Dor... Tanto faz...

Criatura cristalina
Bela menina de cabelo ralo
Raro... olhar de desfalecer
Perco as forças e palavras
Somente o silêncio é sábio... pra te ver!

A paixão às vezes cega
Às vezes marca... rasga
Corta... encurta caminhos
Apaga frases de giz no quadro
Pinta novos muros
Destrói e constrói num olhar

Paixão é um cristal novo
Passar rápido pela mata
Pisar em espinhos
Ouvir os passarinhos
Se esquecer de respirar
Fugir do cruzo...

Deixar pra lá...
Esperar um pouquinho
Logo ali...
Na esquina do 70

10/11/2017

SOBRE PEDRAS E ASAS

Acaba que no final...
Algo começa...
Talvez procure um médico
Aspirina são letras soltas

Talvez jogar mais tinta,
Usar um casaco mais pesado...
Talvez até...
Fingir demência ao amor!
A borboleta tem asas bem finas...

Certas coisas não se pode tocar
Apesar de tocarem você...
Mas quem é que disse que elefante não pode voar...
Que pedras não têm asas...

Somos pedras e asas passando
Passeando... um rabo de cometa
A bexiga querendo voar
A tinta querendo esconder
Acaba que no final...
Algo começa!

3/02/2018

BANDEJA DE CAJU

A previsão disse que ia dar chuva...
E falhou...
Pode ser que eu espere...
Na porta do cinema

Desejo forte de lavar seus pés
Pôr do sol é filme inédito
Abacaxi cobre outra vontade
Ainda falta remar um pouco

E o barco de papel segue
Casco de guardanapo...
Promessa de casamento
Na bandeja de caju

Pelo menos me faz rir
Pelo menos, sai poema
Percorre os pelos... arrepio
Se faz frio, tem caju
Se esquenta... açaí!

6/02/2018

AGRIÃO

O agrião tem Vitamina C
Pra você, minha reta é curva
E pra mim sua curva é como...
A Vitamina C

E pode ter potássio e outras coisas mais
Porque pra mim...
O amor é mais que a soma
Do amanhã, agora e um tempo atrás
Acho que o amor...
É olhar todo dia pra mudança e notar
Que nada mudou
É olhar todo dia pra mesma pedra
E ver mudança

É o coração de criança
Colocar fotos coloridas na bolsa velha
Sentar pra ler juntos
E quem sabe falar de agrião

Ela não corta o cabelo todo dia...
Mas tem sempre uma coisa diferente
Nem... tanta tinta tem
De manhã... mas seus olhos são contentes

Pedido de namoro no bilhete
Dentro do livro...
Mensagem do portão
Voo de helicóptero ou tapete voador

Voo de galinha...
Talvez de pato...
Que seja...
Ou pato ou galinha...
Mas que tenha agrião!

11/08/2018

CONTUDO... E SÓ

Nasce a trinta cores da estrada
No amarelado tempo inventado
Sob o telhado azul da esperança
E o corte cego da tesoura

Cortada a razão dos amantes
O álbum não conta história
Não sobram segundos vazios
Vida sem rastros de tempo

Ser delicadamente raspado
Como o doce na parede da panela
Alimento do desejo saciado de forma
Fôrma, métrica, rima tola... padrão

Regular a vida na ciranda
No refúgio dos sabiás
Na emergência de passos lentos
Nos pés pro alto do vovô.

Viver é...
Ancorar o juízo na nuvem que passa
Com cara de macaco mudando pra cachorro
Subir na escada pra pegar a maçã
Esticar o corpo animal na grama
Pra ver o dia passar... e as folhas caírem

Respirar hoje, sentir hoje, viver hoje...
Contudo... e só!
Contudo... e só!

POSFÁCIO

Lusco-fusco, o sol indo embora, deixando um rastro do dia por conta da noite.

Estava eu me apresentando no quiosque da Associação dos Moradores da Favela do Vidigal. Eis que, do meu lado esquerdo, encostado no muro, um homem alto e forte, com copo de uísque na mão, observando o show na favela lá no alto, pertinho do céu, com testemunha do Dois Irmãos.

Lembro bem, com se fosse hoje: alguns amigos poetas sempre faziam intervenções ali – Álvaro Nassaralla vinha da Barra da Tijuca declamar seus versos, Sérgio, morador do Vidigal, Marcelo Mello e eu também declamava e, nesse fim de tarde, começo de noite, Raphael Carvalho chega declamando Drummond, Fernando Pessoa, carismático, poemas na ponta da língua. Fiquei muito feliz com a grata surpresa.

Ficamos amigos a partir daquele dia. Sempre apaixonado, começou com poemas de amor, com amor de verdade (posso dizer que conheço poucas pessoas que falam de amor com tanta propriedade). Rapha ama tudo e todos, ou quase todos. Aos poucos começou a escrever poemas tratando do duro cotidiano, de política, poemas engajados, poesia concreta, no melhor que se pode testemunhar. Professor de capoeira, mostra sua ginga e a malícia que a vida lhe ensinou, poemas diários, postados, curtidos. Pelo WhatsApp, sempre chega um poema novo com ele declamando, como se fossem suas últimas palavras a caminho da forca. Com toda a força possível, mostra sua reverência pela vida, com gosto de mel chupado no favo. As palavras saem da sua boca – vez ou outra, um ferrão o pica.

    A vida de Raphael, de repente, virou poesia, já agora com suas próprias palavras, as expressões em seu rosto quando tenho o privilégio de ouvi-lo declamando, em seus olhos, a intensidade de vida em sua voz, só faz mostra-me, ou melhor, mostrar-nos que sua alma é feita de versos, sonetos, redondilhas maiores ou menores. A verdade em suas palavras e seu sentimento transcenderão o tempo.

Beto Dornelles,
escritor e compositor

SOBRE O AUTOR

Raphael Carvalho nasceu em 20/08/1982, no Rio de Janeiro. Aos cinco anos, mudou-se com a família para Volta Redonda, no interior do Estado, onde se formou como professor de capoeira e concluiu a graduação em Educação Física. Em 2015, iniciou-se no meio artístico, participando de eventos de poesia e música, tendo como principais parceiros e amigos, Joca Jorge, Beto Dornelles, Ivo Vargas e Nicolas de Francesco. *Contudo... e só* é seu primeiro livro.